Manual para aprender Bajo

Autor: Byron Hernández

Manual de Bajo
Primera Edición: 2017

Autor: Byron Hernández

Copyright © Byron Hernández

Todos los derechos reservados. Impreso en Estados Unidos de América.
Esta publicación no puede ser reproducida total ni parcialmente, ni registrado en o transmitido por un sistema de recuperación de información, en ninguna forma ni en ningún medio, ya sea electrónico o mecánico, por fotocopia, grabado o cualquier otro medio sin permiso del autor.

INDICE

Los 7 tonos de la Sol-Fa 5

El Circulo de tonos de Do (C) 7

El Circulo de tonos de Re (D) 9

El Circulo de tonos de Mi (E) 11

El Circulo de tonos de Fa (F) 13

El Circulo de tonos de Sol (G) 15

El Circulo de tonos de La (A) 17

El Circulo de tonos de Si (B) 19

Los 5 Tonos Bemoles 21

El Circulo de tonos de Do Bemol (Cb) 23

El Circulo de tonos de Re Bemol (Db) 25

El Circulo de tonos de Fa Bemol (Fb) 27

El Circulo de tonos de Sol Bemol (Gb) 29

El Circulo de tonos de La Bemol (Ab) 31

Los 7 tonos de la Sol-Fa

=Do (C)

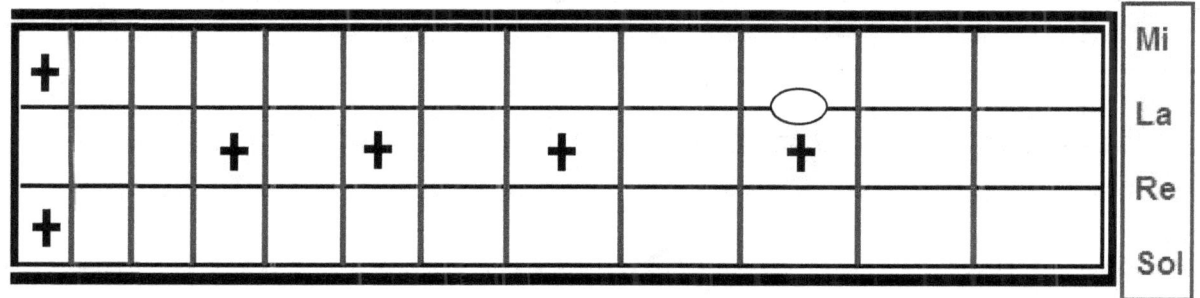

=Re (C)

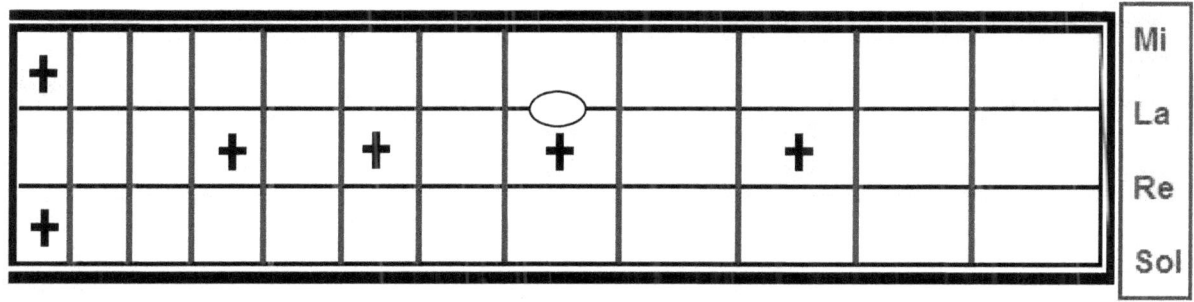

=Mi (E)

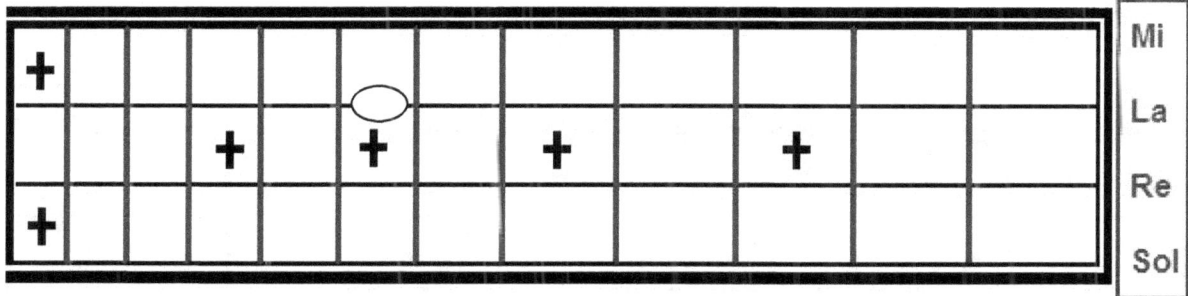

=Fa (F)

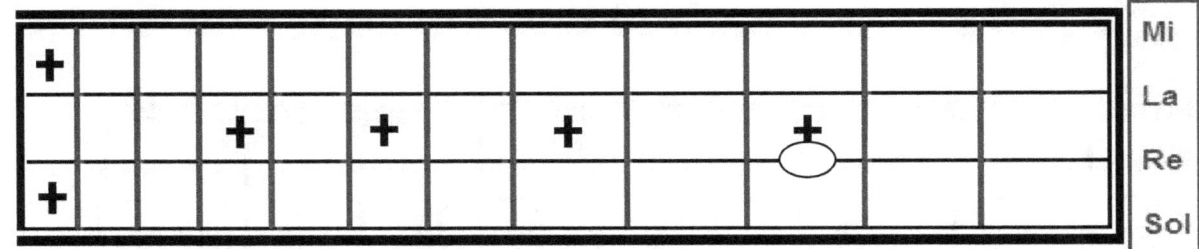

=Sol (G)

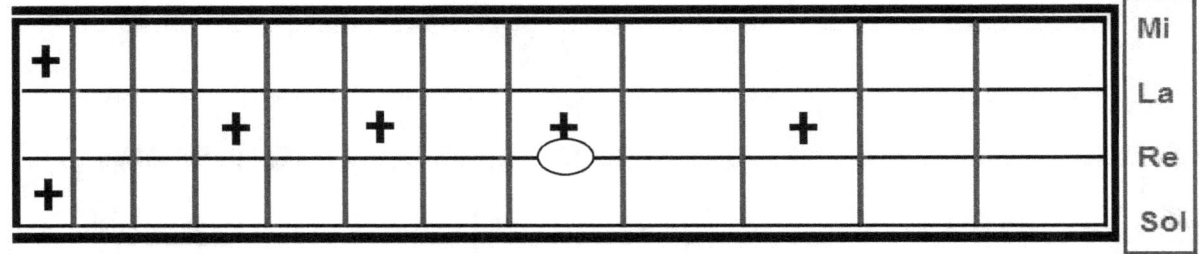

=La (A)

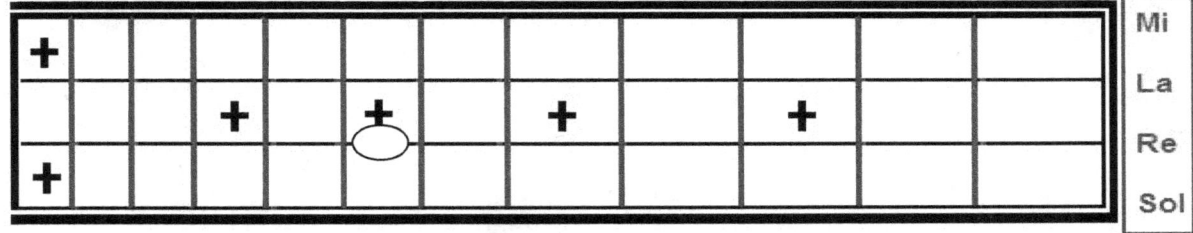

=Si (B)

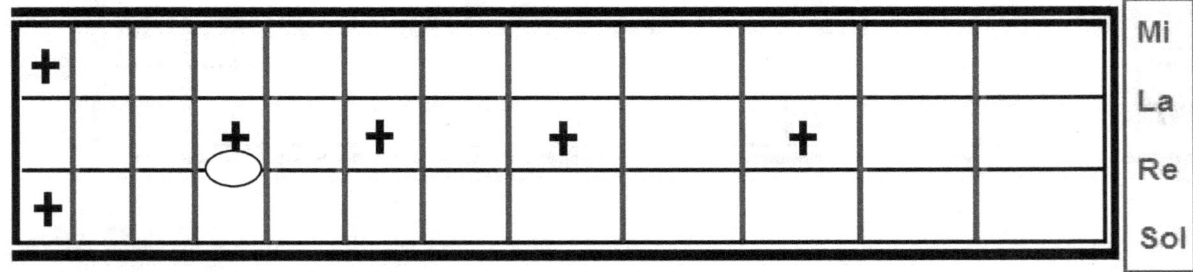

El Círculo de tonos de DO (C)

1=Do (C)

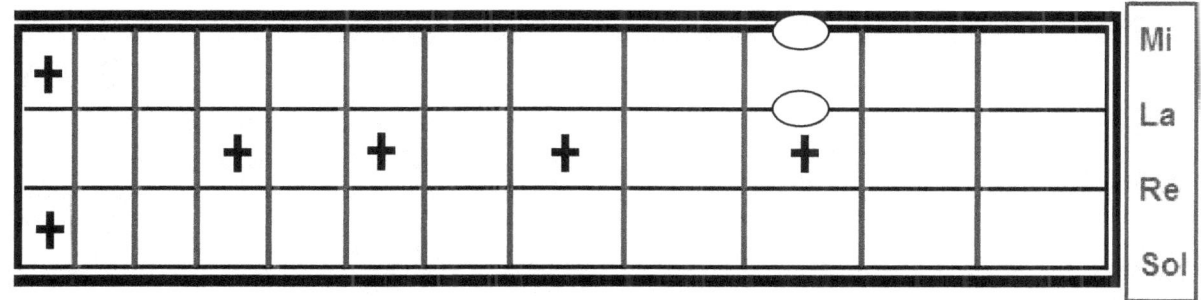

2=Sol (G)

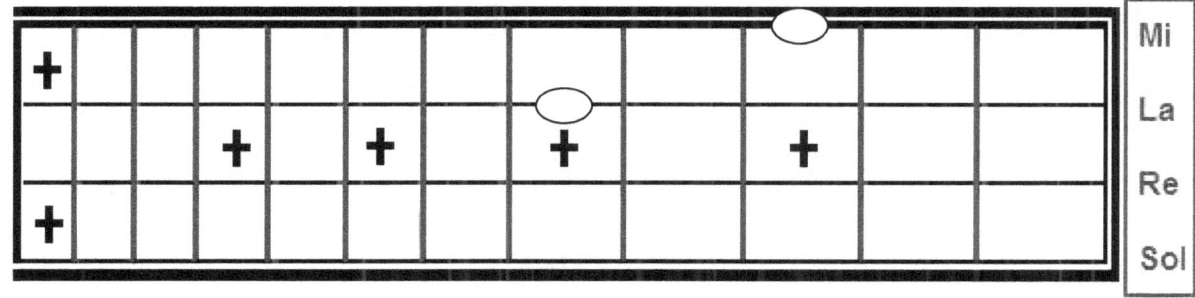

3=Fa (F)

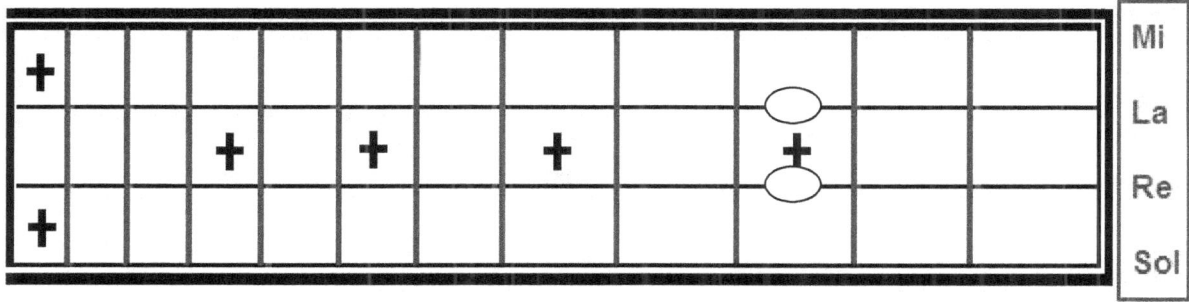

4=Mi (E)

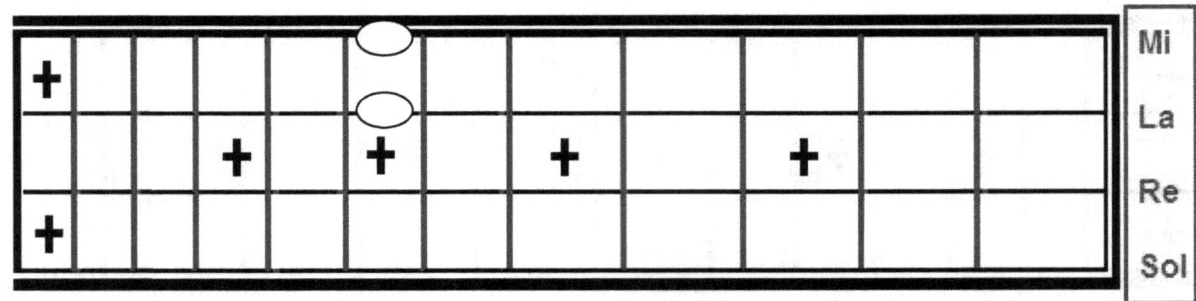

5=La (A)

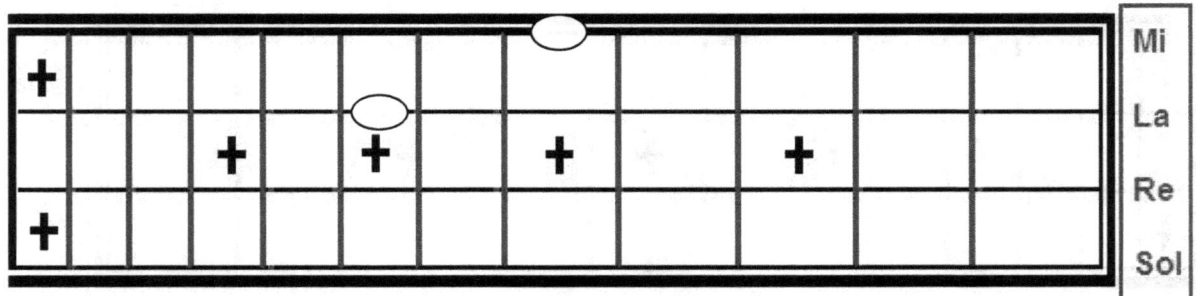

6=Re (D)

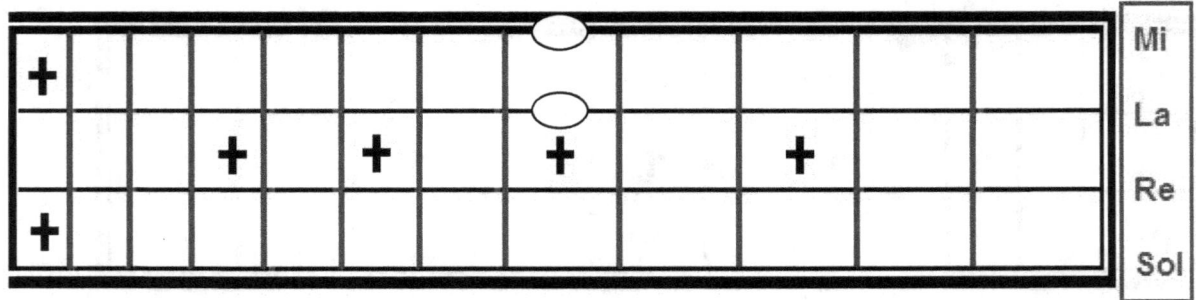

El Círculo de tonos de RE (D)

1= Re (D)

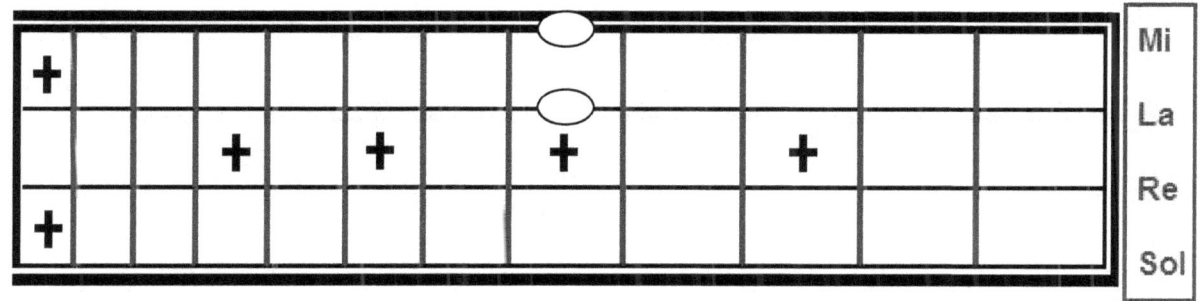

2= La (A)

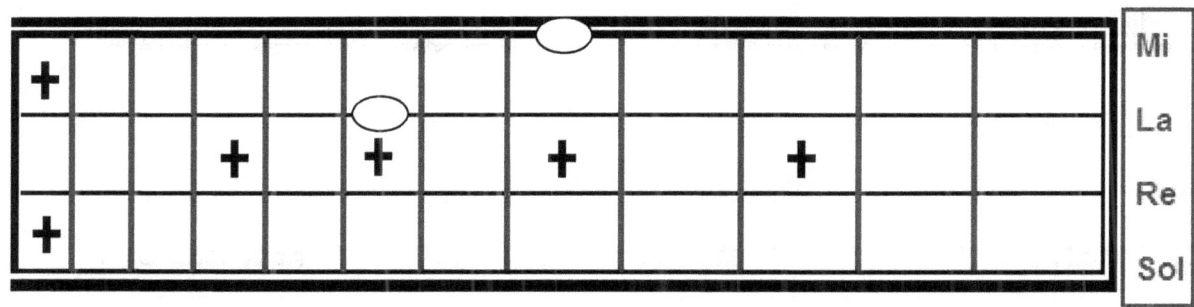

3= Sol (G)

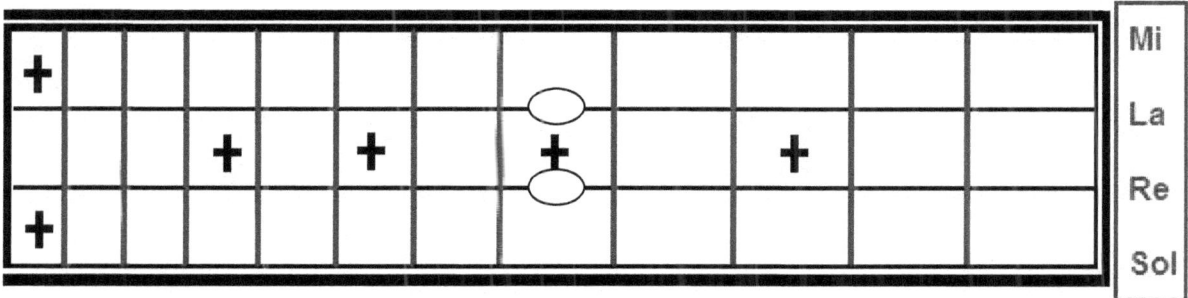

4= Fa Bemol (Fb)

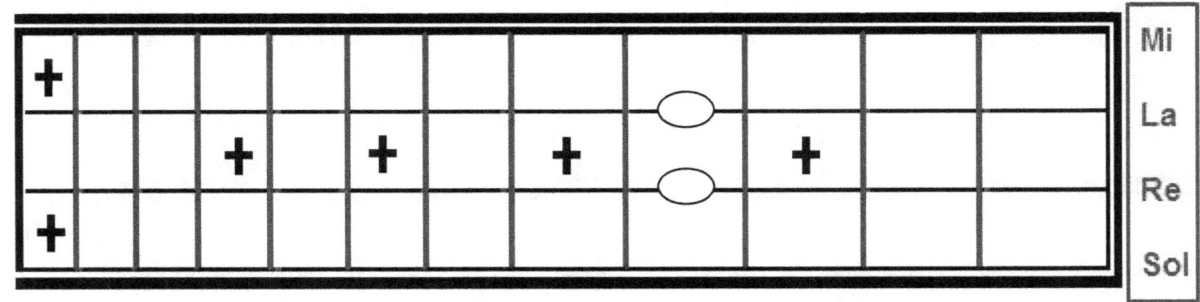

5= Si (B)

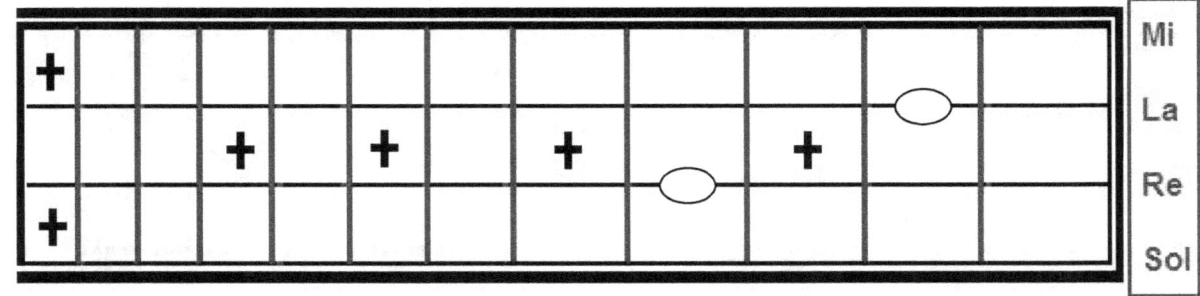

6= Mi (E)

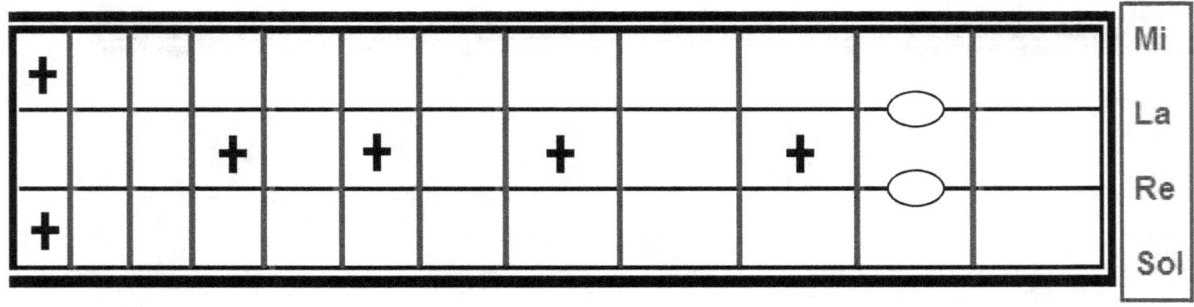

El Círculo de tonos de MI (E)

1= Mi (E)

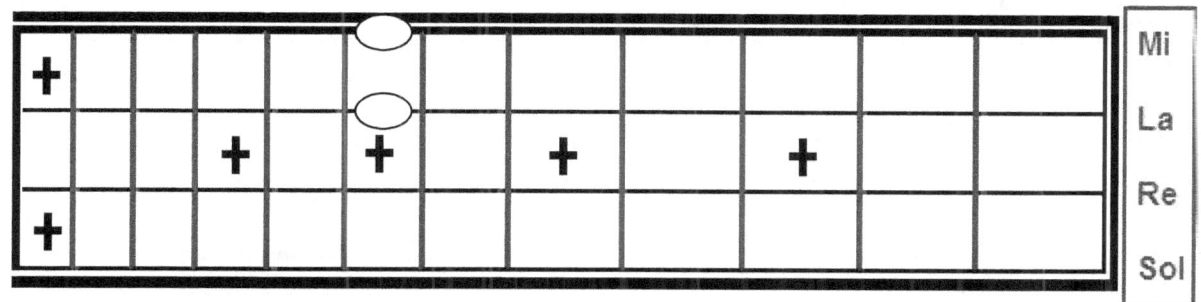

2= Si (B)

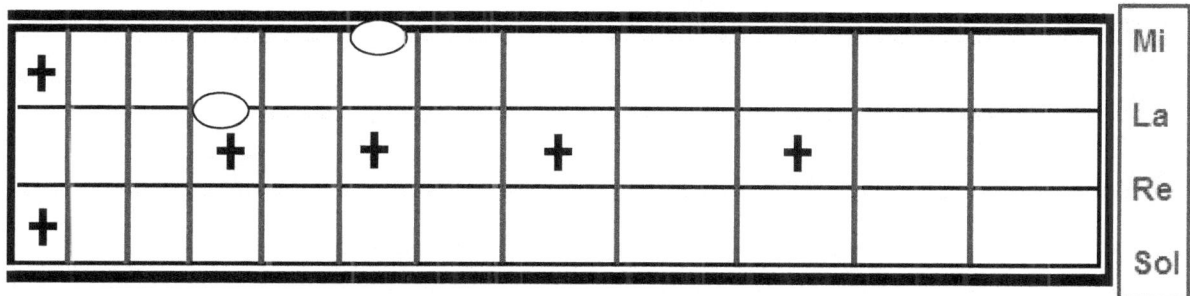

3= La (A)

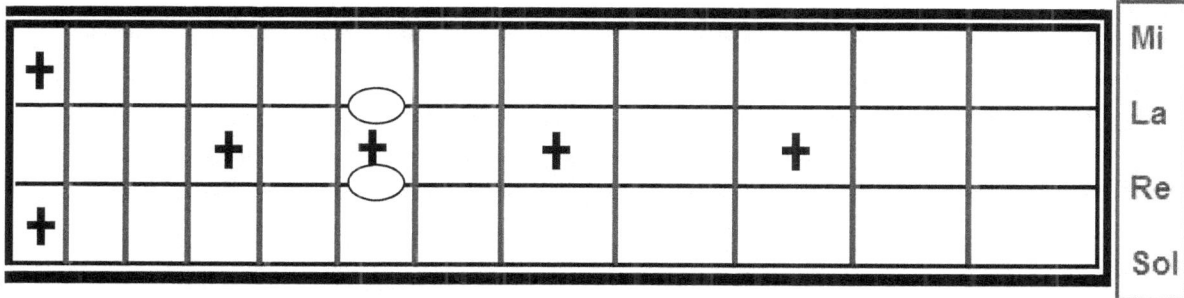

4= Sol Bemol (Gb)

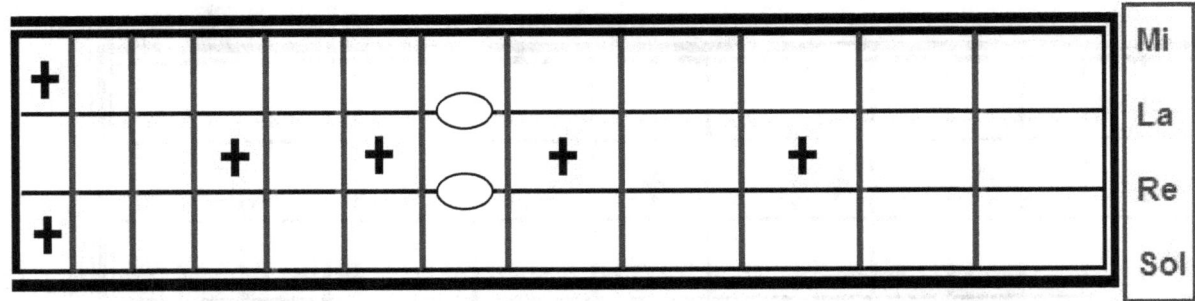

5= Do Bemol (Cb)

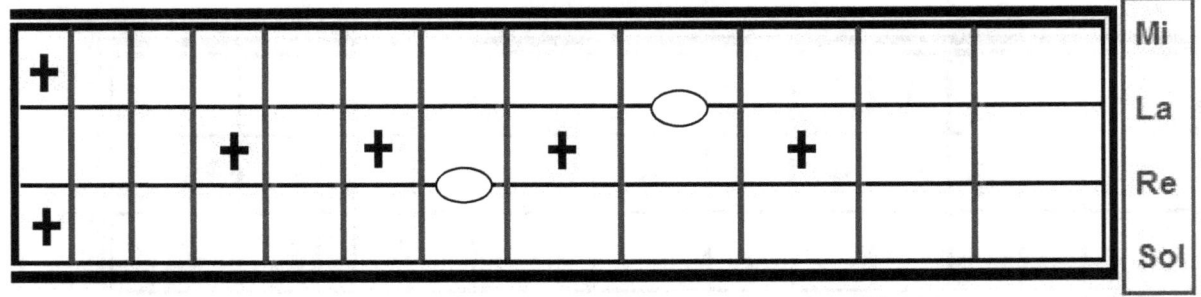

6= Fa Bemol (Fb)

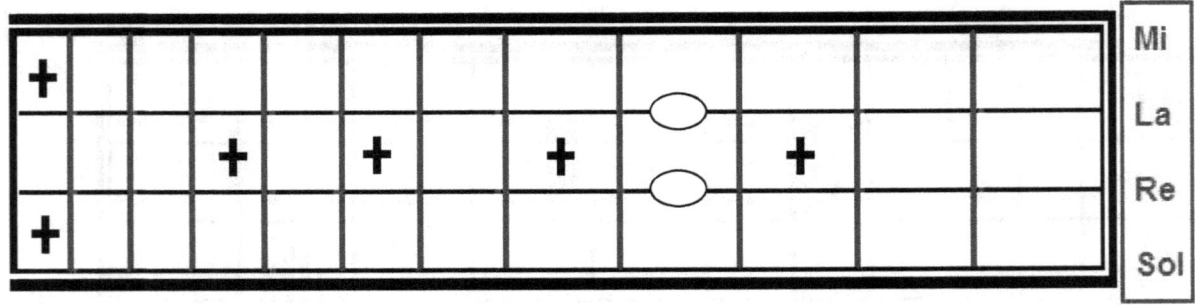

El Círculo de tonos de FA (F)

1= Fa (F)

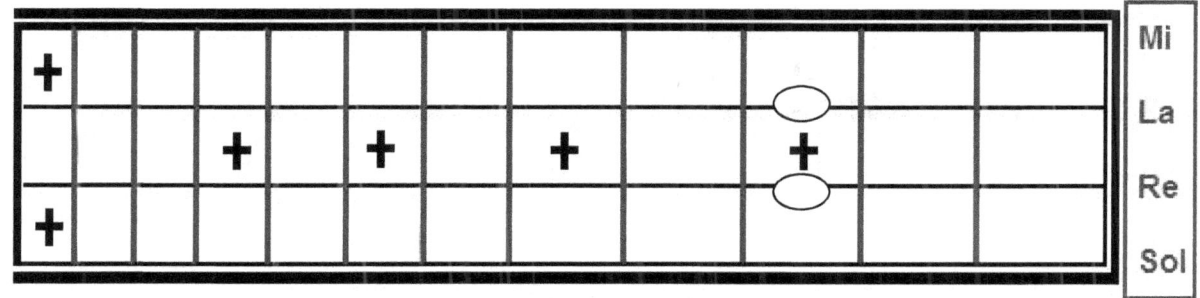

2= Do (C)

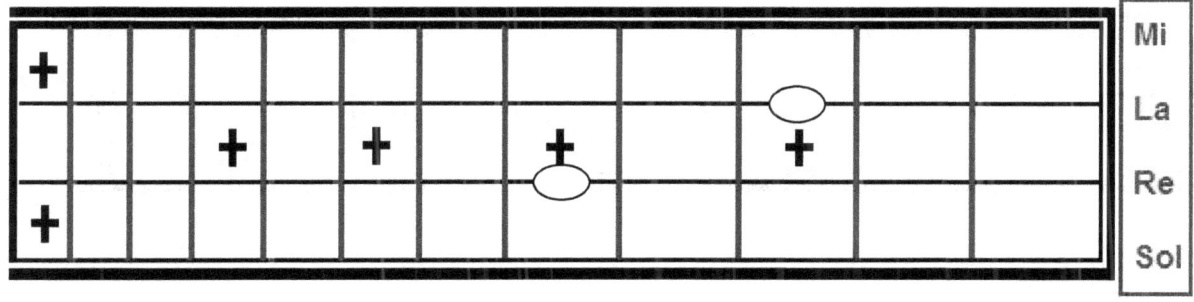

3= La Bemol (Ab)

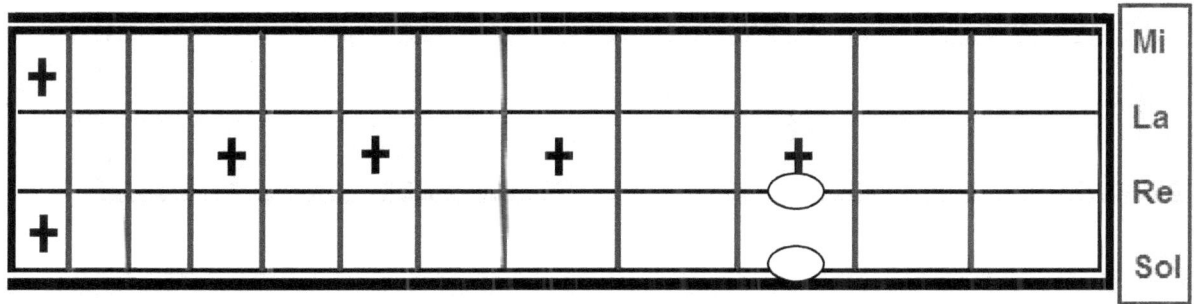

4= La (A)

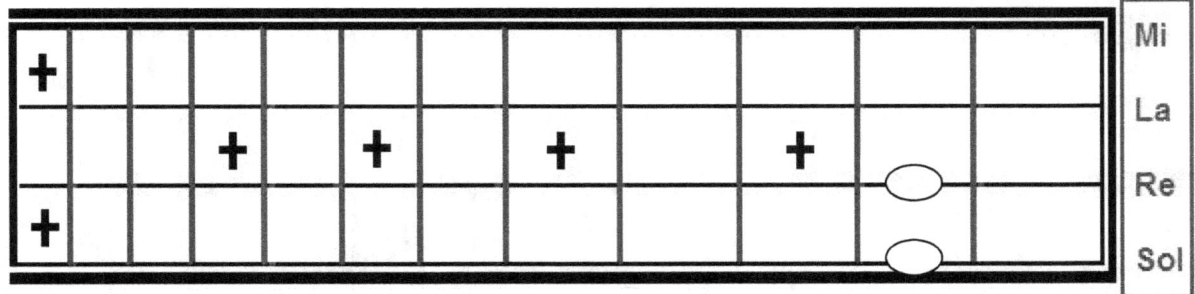

5= Re (D)

6= Sol (G)

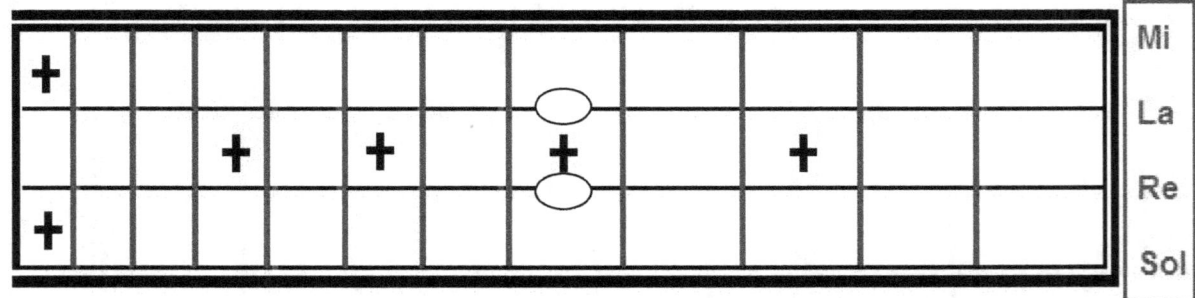

El Círculo de tonos de Sol (G)

1= Sol (G)

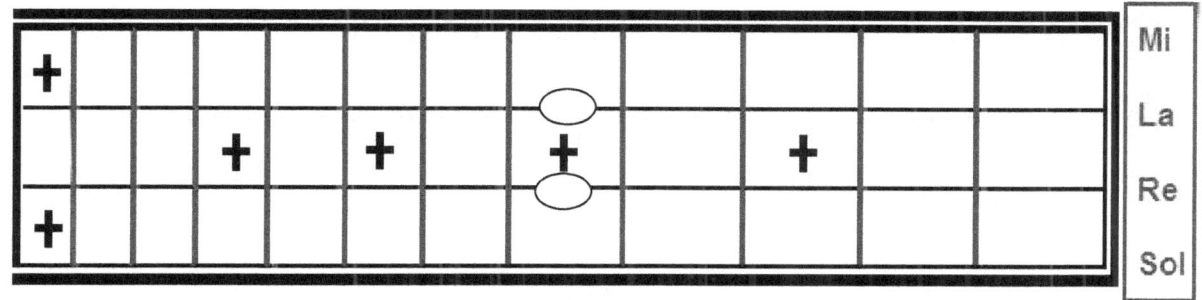

2= Re (D)

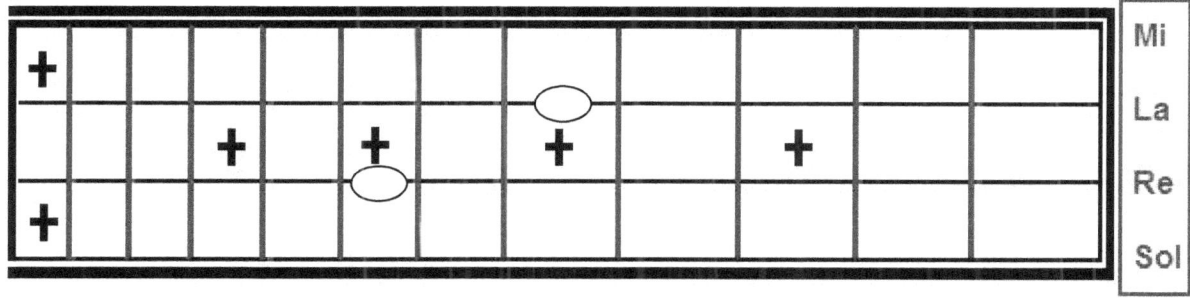

3= Do (C)

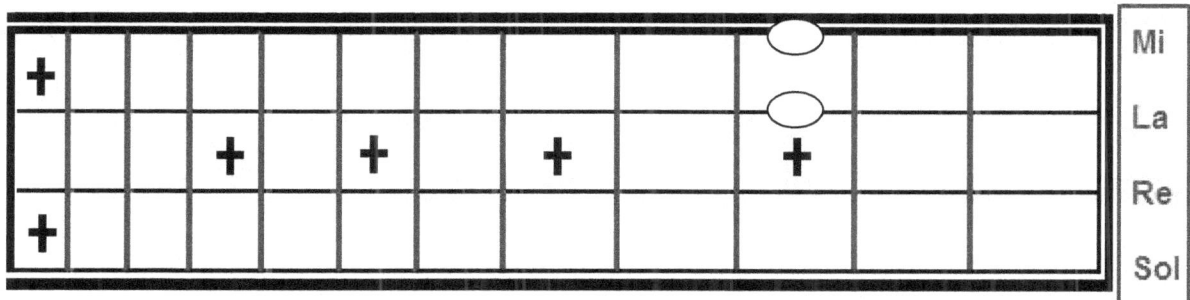

4= Si (B)

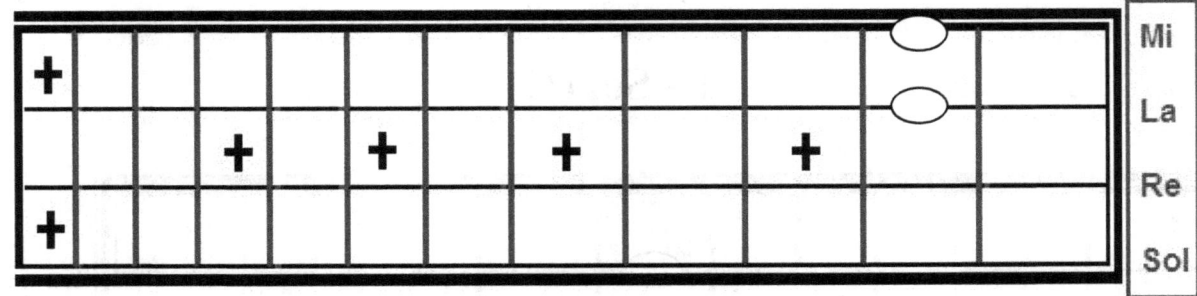

5= Mi (E)

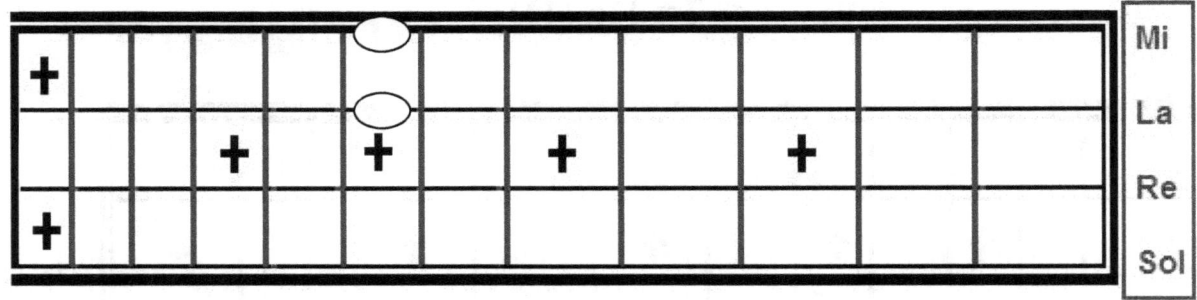

6= La (A)

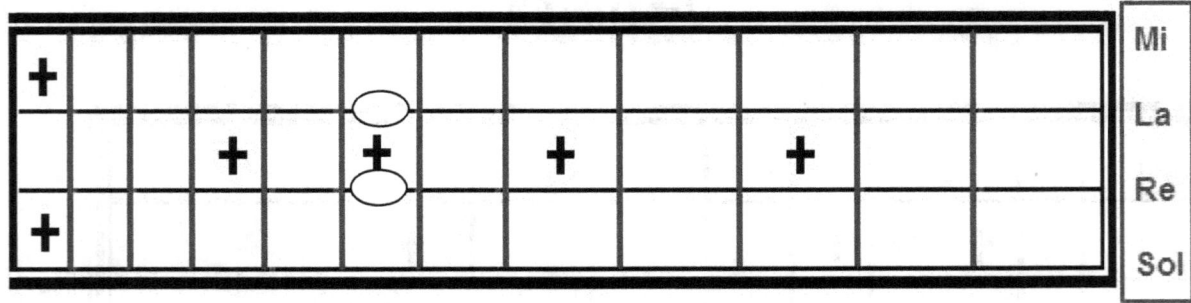

El Círculo de tonos de LA (A)

1= La (A)

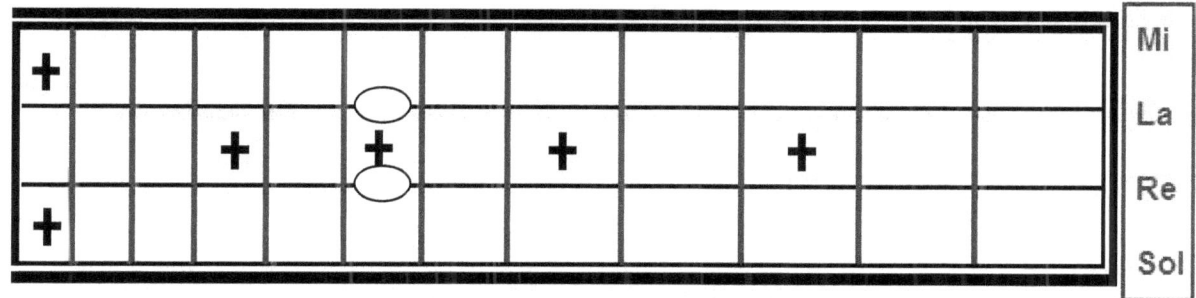

2= Mi (E)

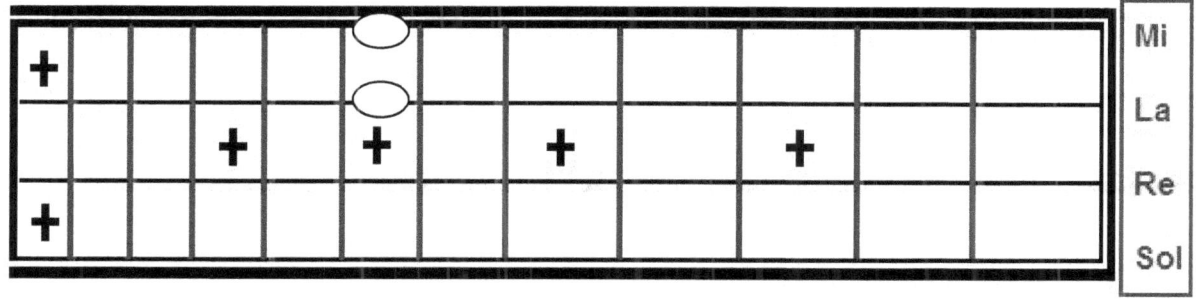

3= Re(D)

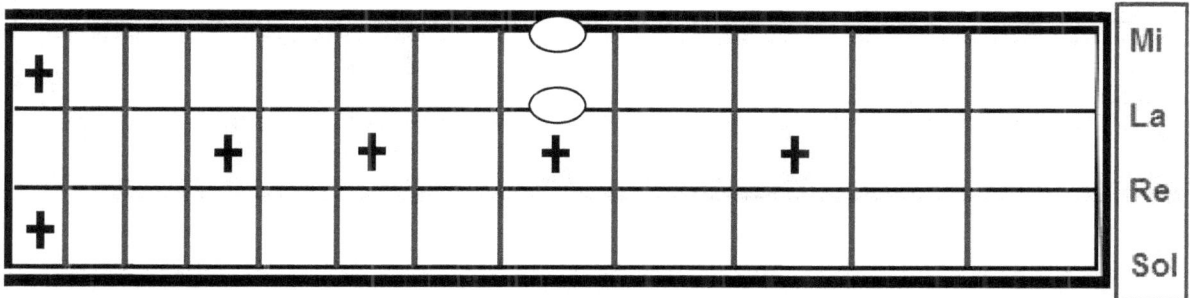

4= Do Bemol (Cb)

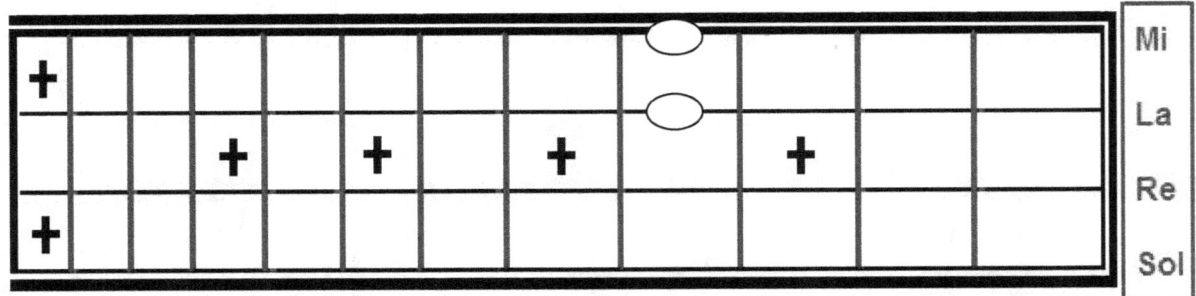

5= Fa Bemol (Fb)

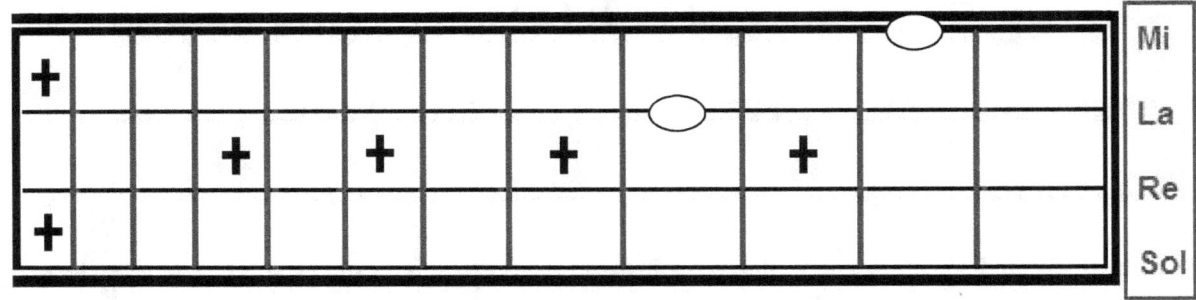

6= Si (B)

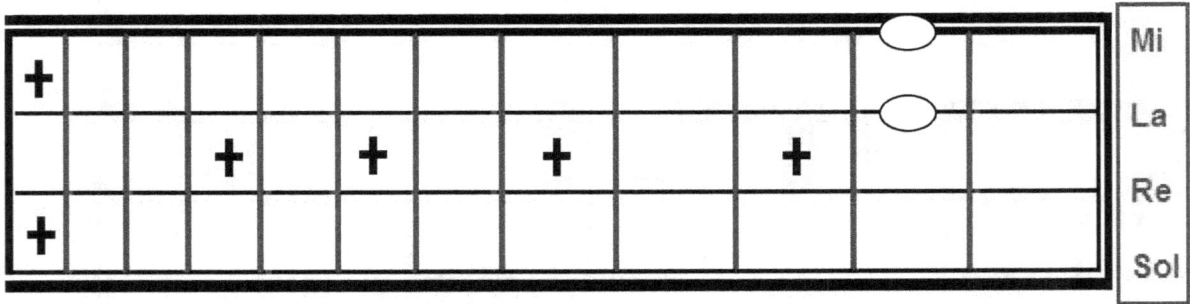

El Círculo de tonos de SI (B)

1= Si (B)

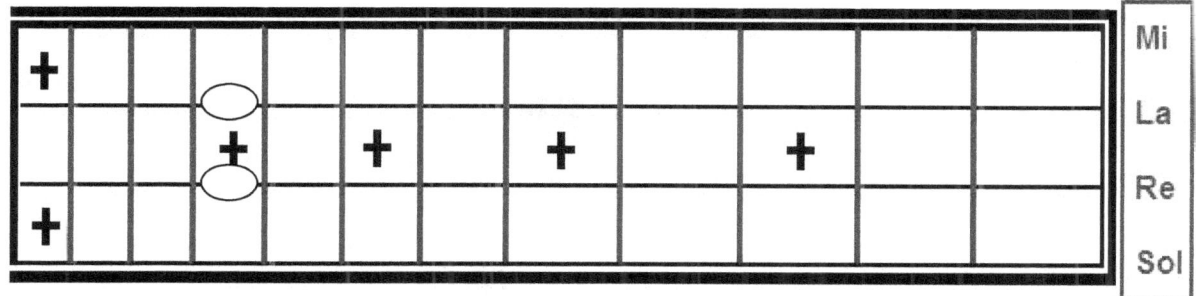

2= Fa Bemol (F)

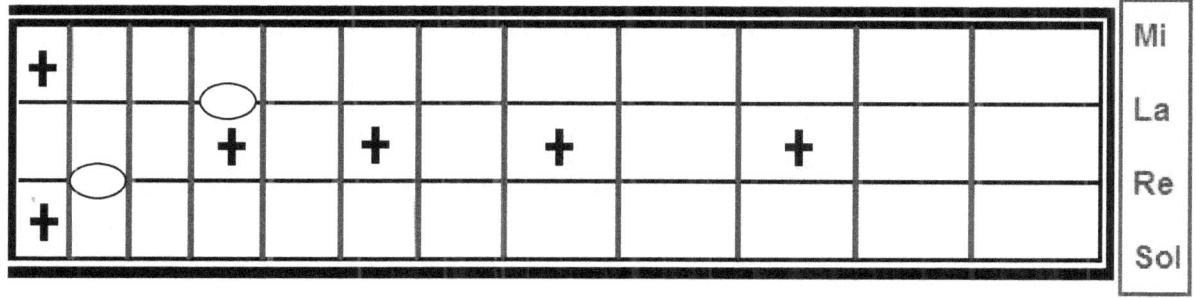

3= Mi (E)

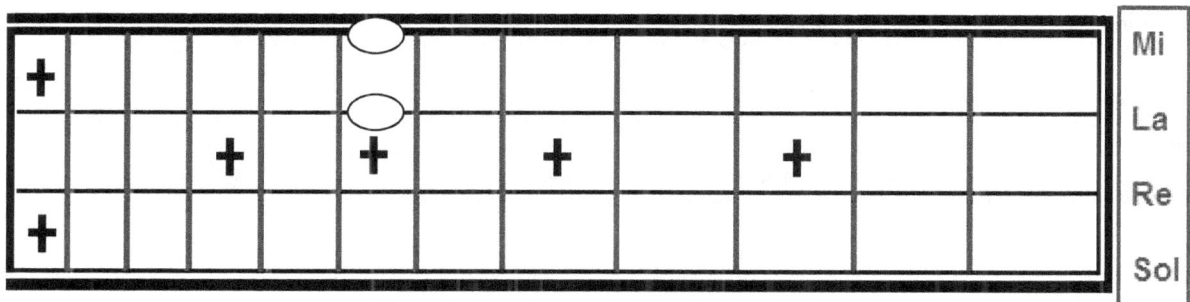

4= Re Bemol (Db)

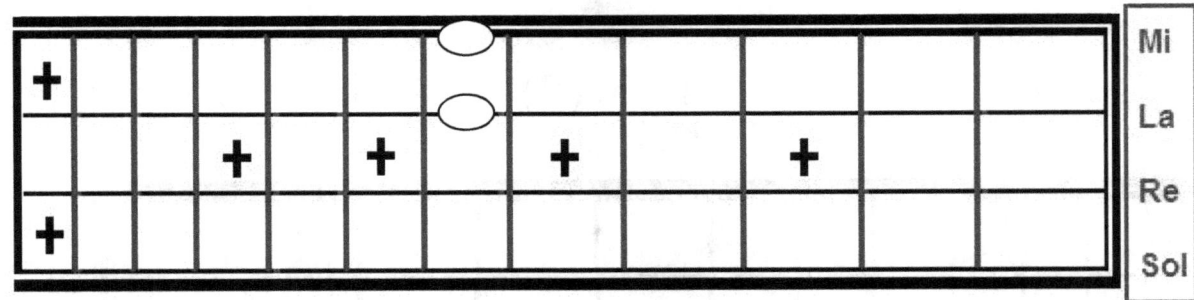

5= Sol Bemol (Gb)

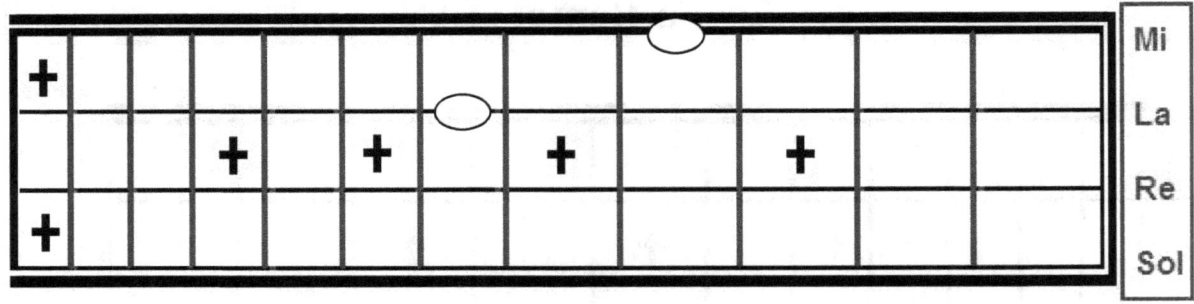

6= Do Bemol (Cb)

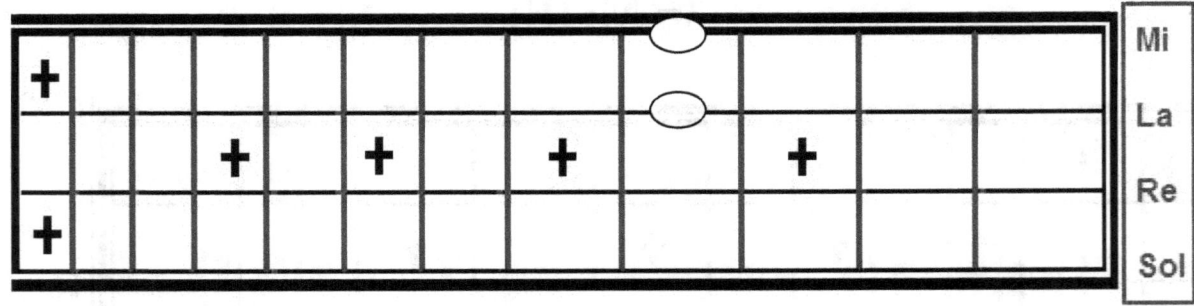

Los 5 tonos Bemoles

1= Do Bemol (Cb)

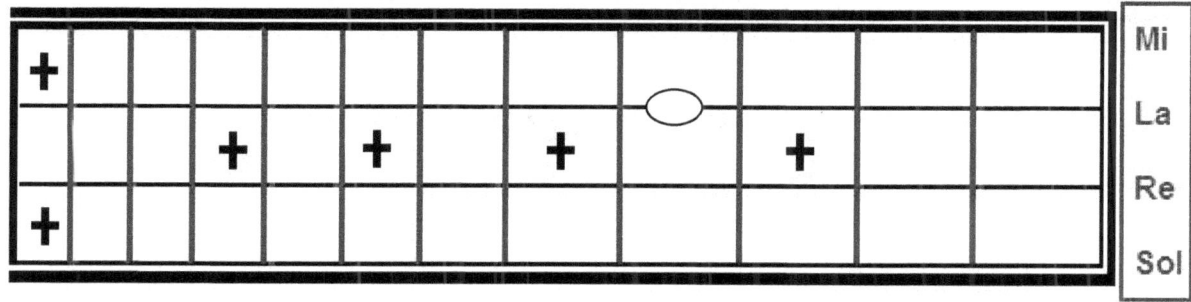

2= Re Bemol (Db)

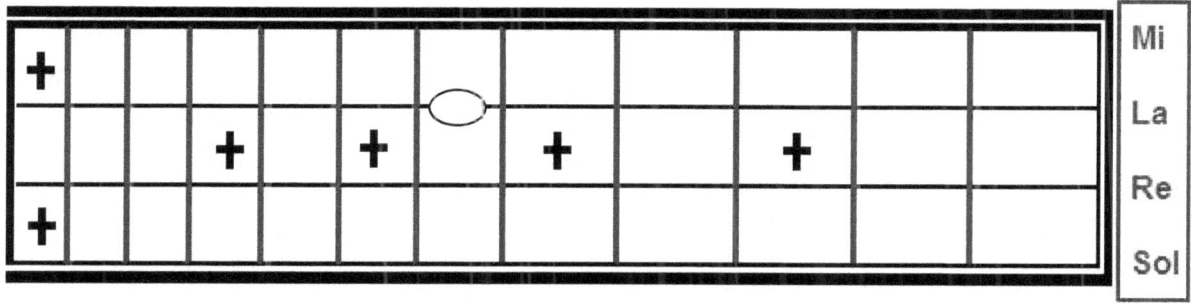

2= Fa Bemol (Fb)

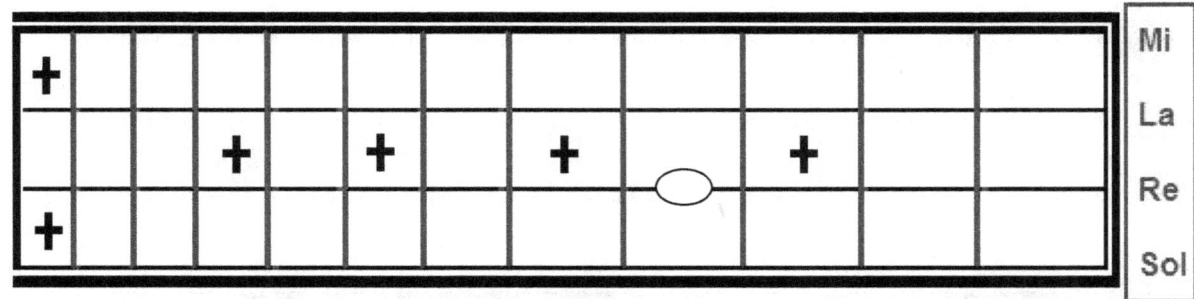

2= Sol Bemol (Gb)

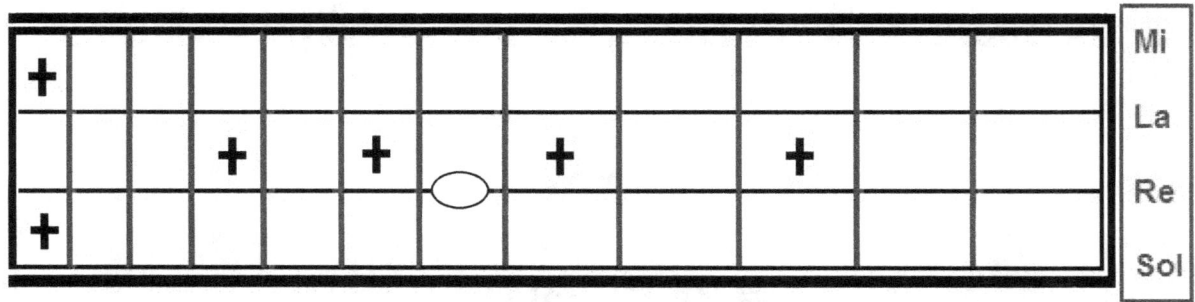

2= La Bemol (Ab)

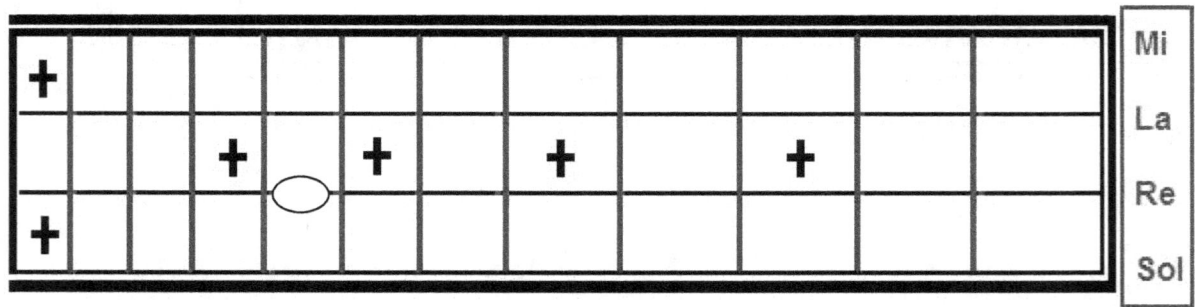

El Círculo de tonos de Do Bemol (Cb)

1= Do Bemol (Cb)

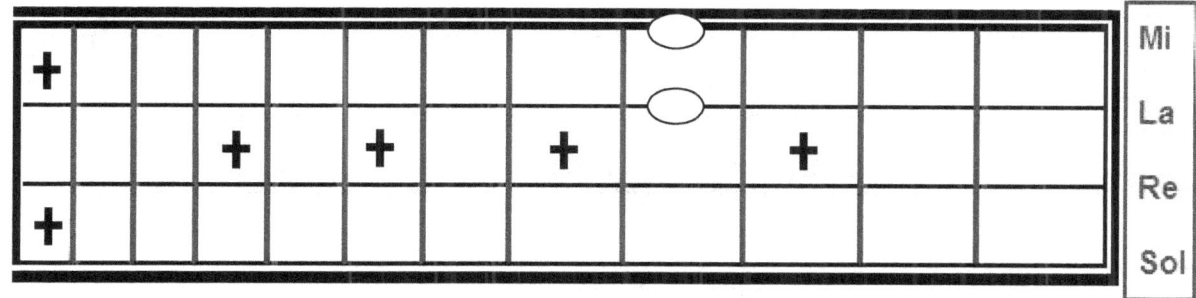

2= Sol Bemol (Gb)

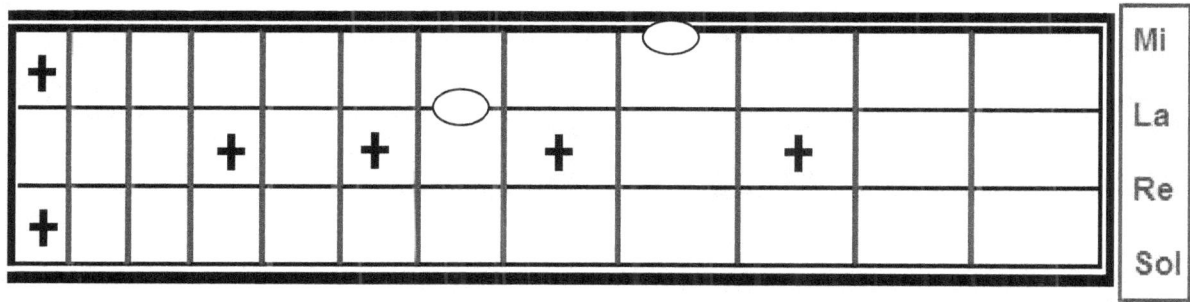

3= Fa Bemol (Fb)

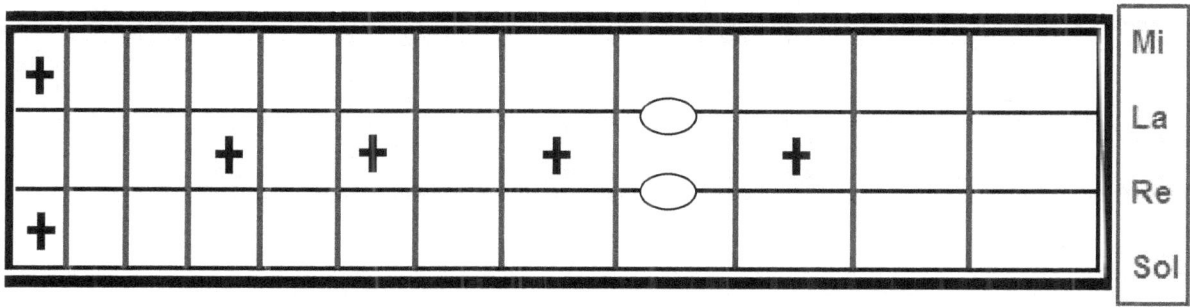

4= Fa (F)

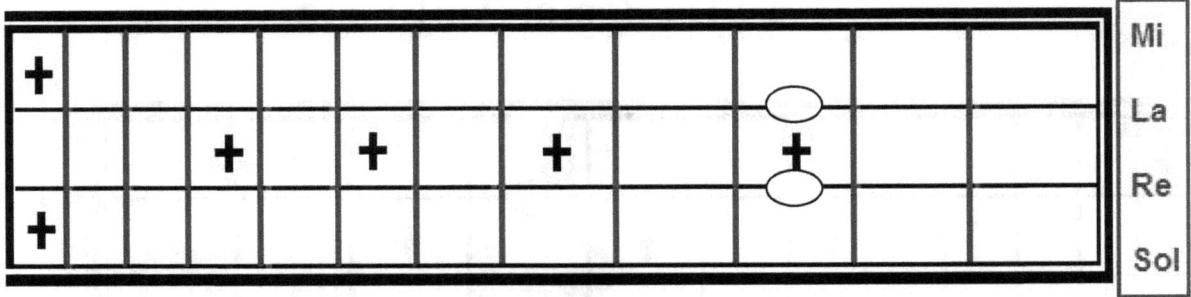

5= La Bemol (Ab)

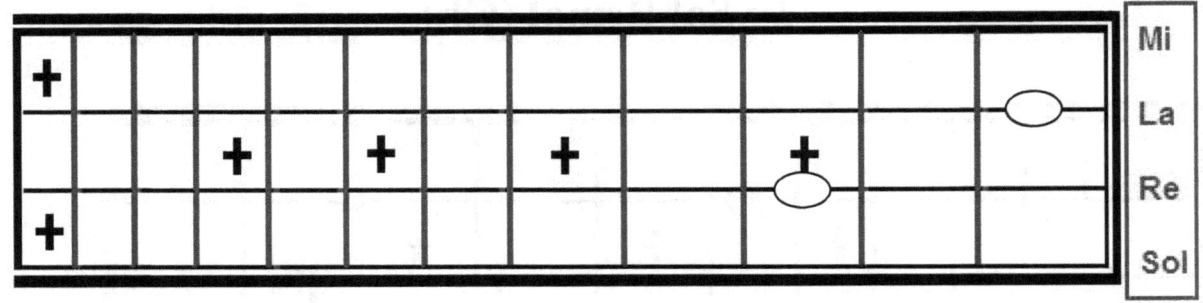

6= Re Bemol (Db)

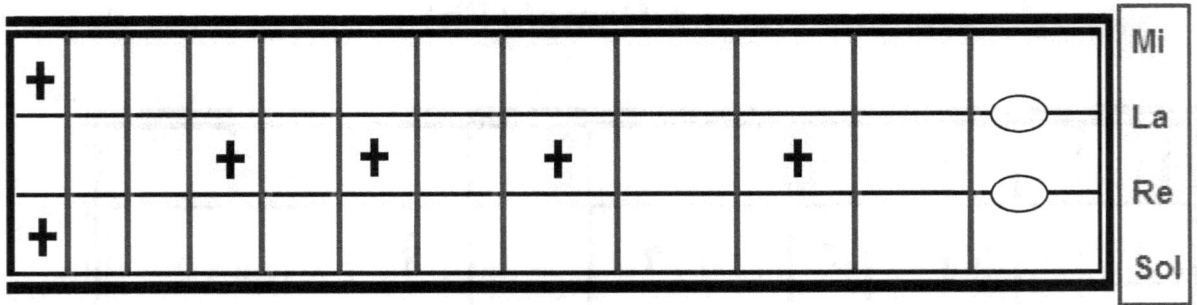

El Círculo de tonos de Re Bemol (Db)

1= Re Bemol(Db)

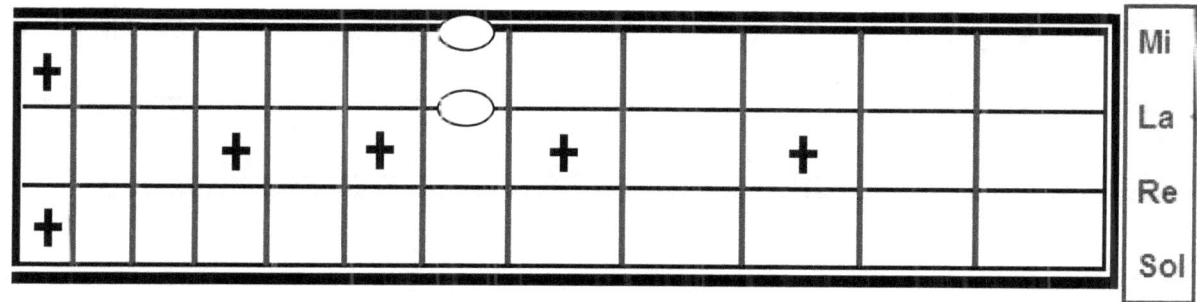

2= La Bemol(Ab)

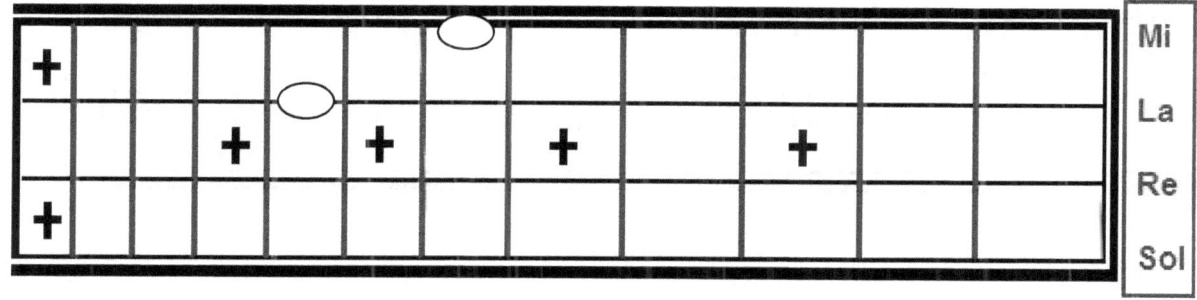

3= Sol Bemol(Gb)

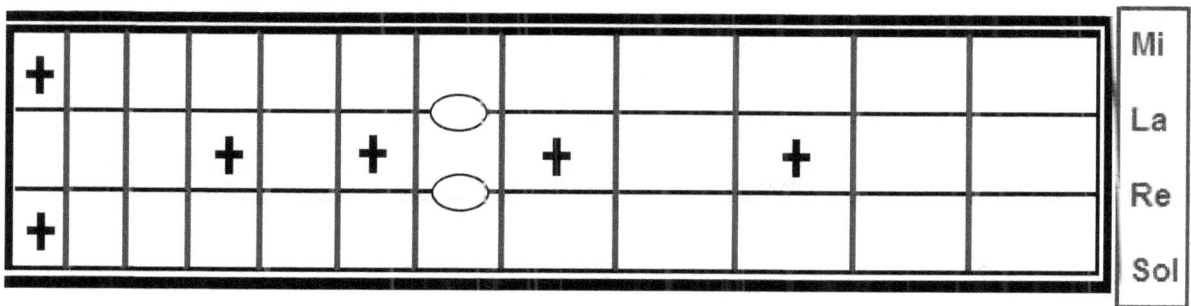

4= Sol(G)

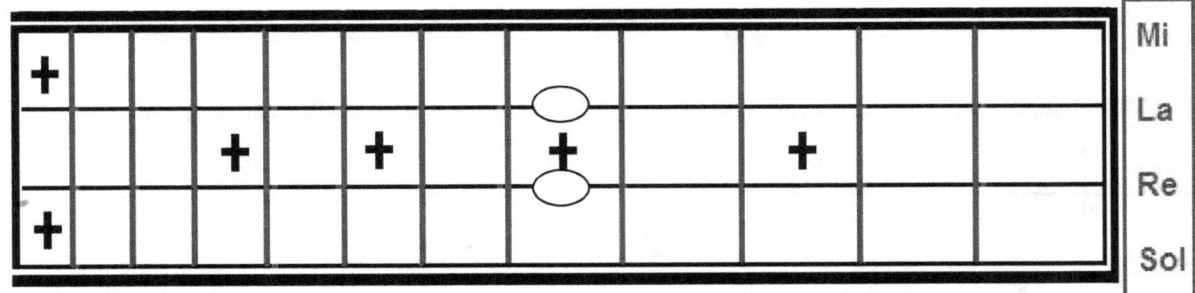

5= Do (C)

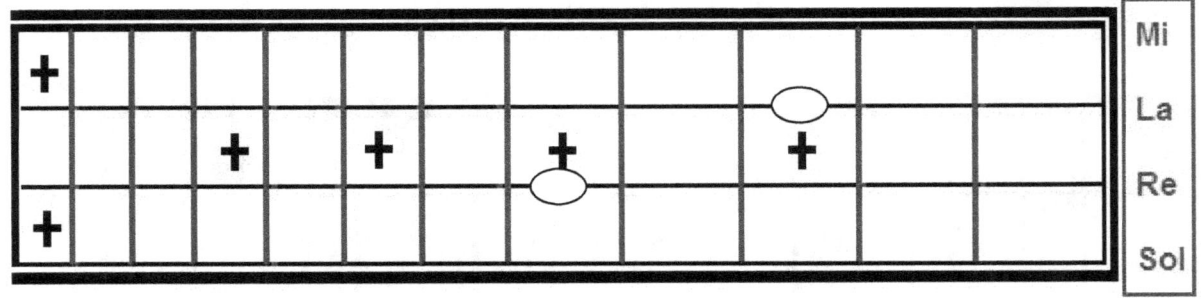

6= Fa(F)

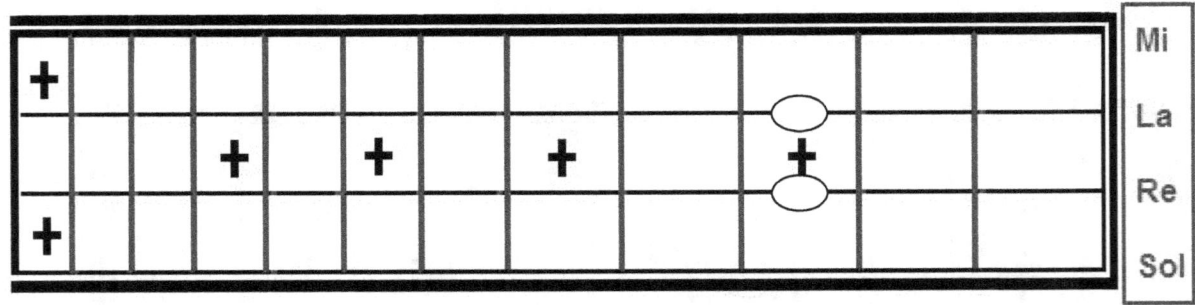

El Círculo de tonos de Fa Bemol(Fb)

1= Fa Bemol(Fb)

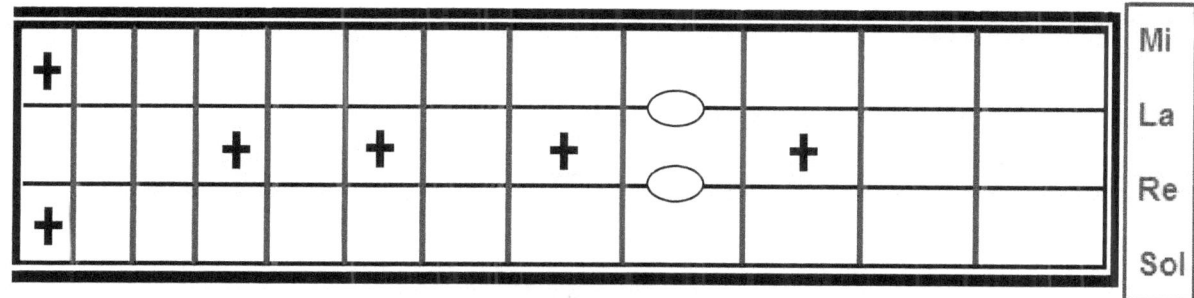

2= Do Bemol(Cb)

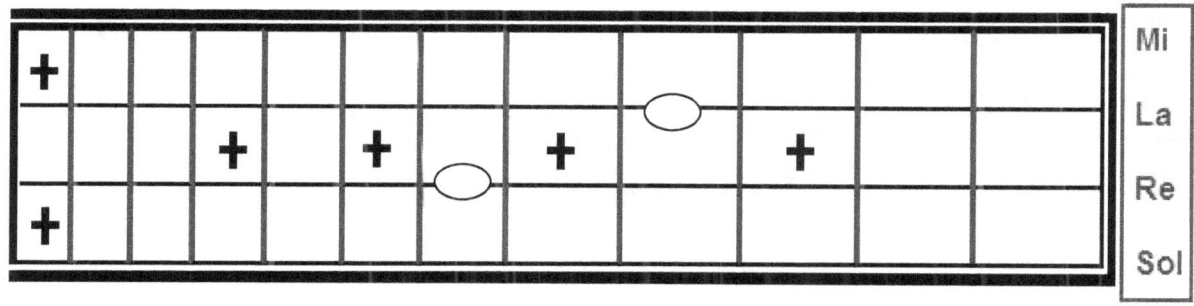

3= Si(B)

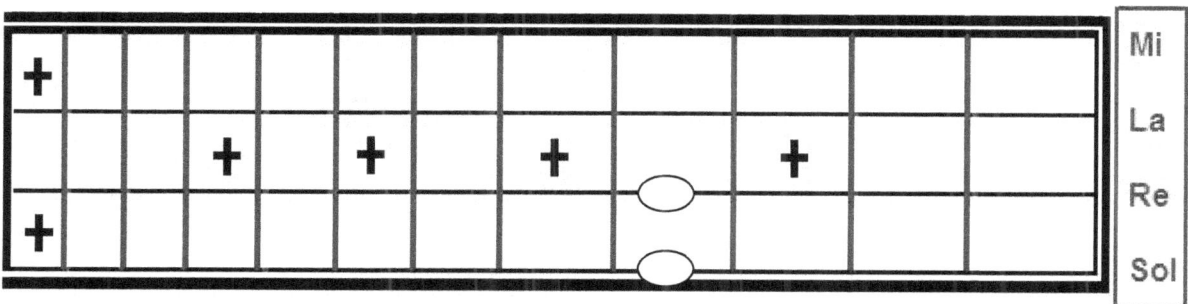

4= La Bemol(Ab)

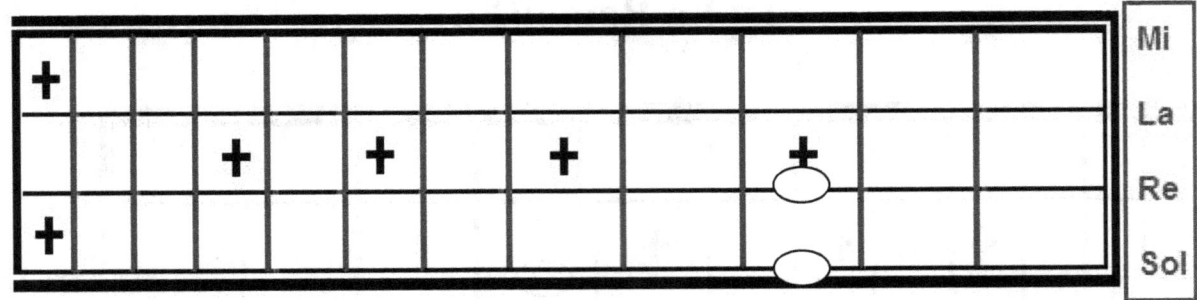

5= Re Bemol(Db)

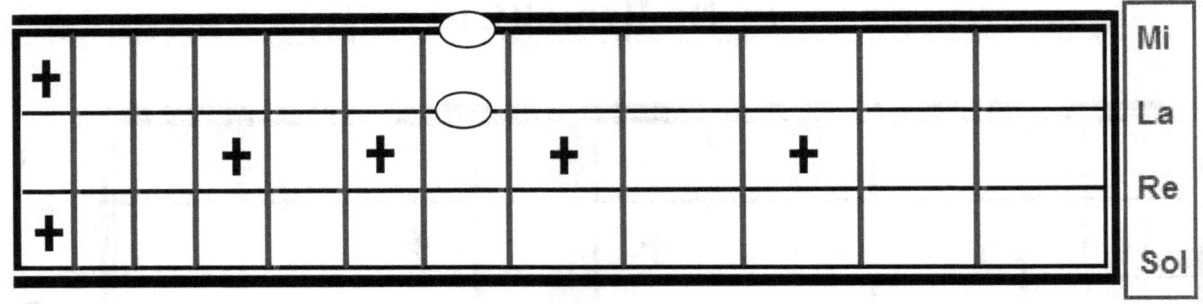

6= Sol Bemol(Gb)

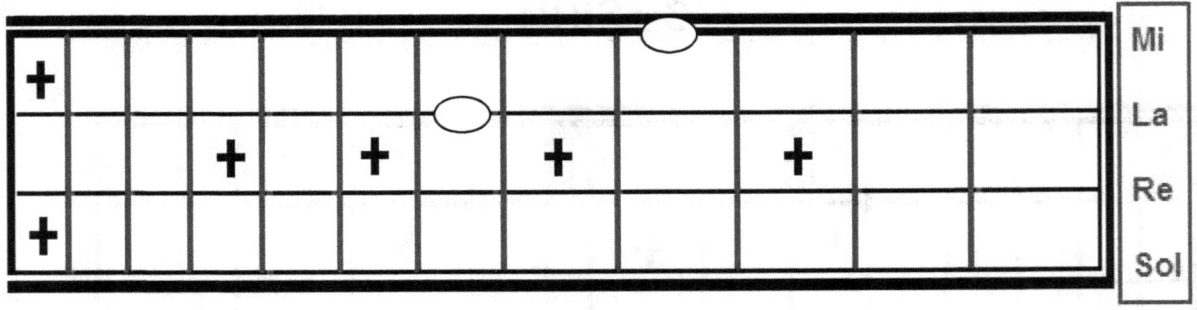

El Círculo de tonos de Sol Bemol(Gb)

1= Sol Bemol(Gb)

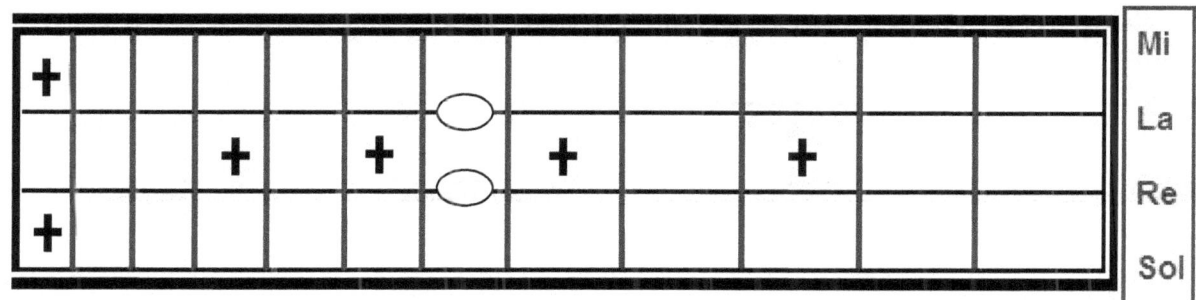

2= Re Bemol(Db)

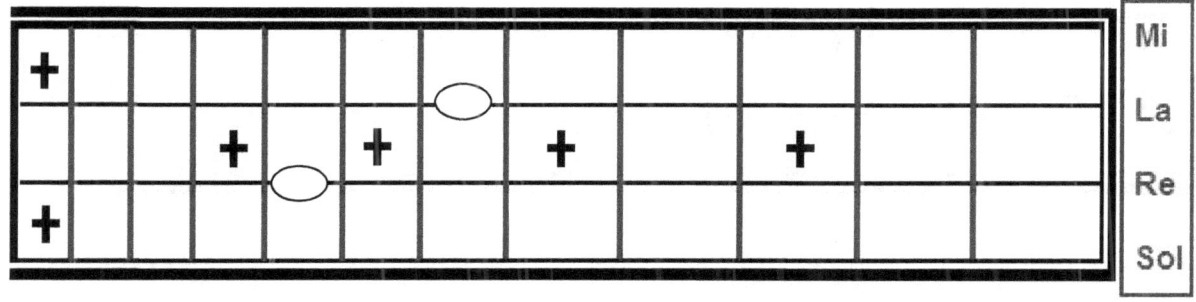

3= Do Bemol(Cb)

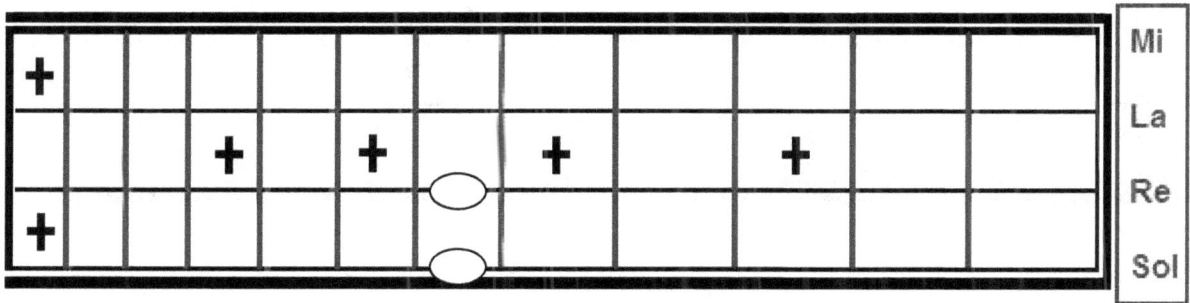

4= Do(C)

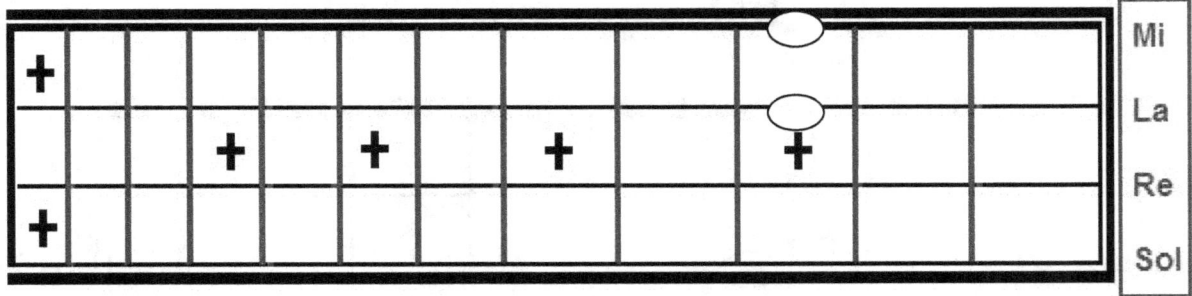

5= Fa(F)

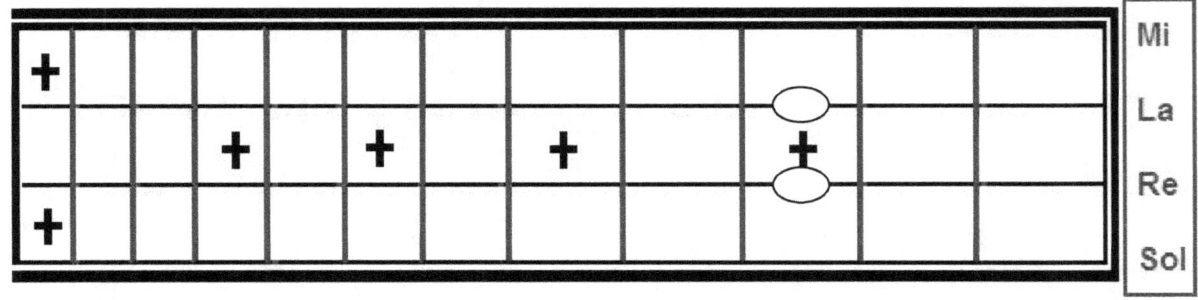

6= La Bemol(Ab)

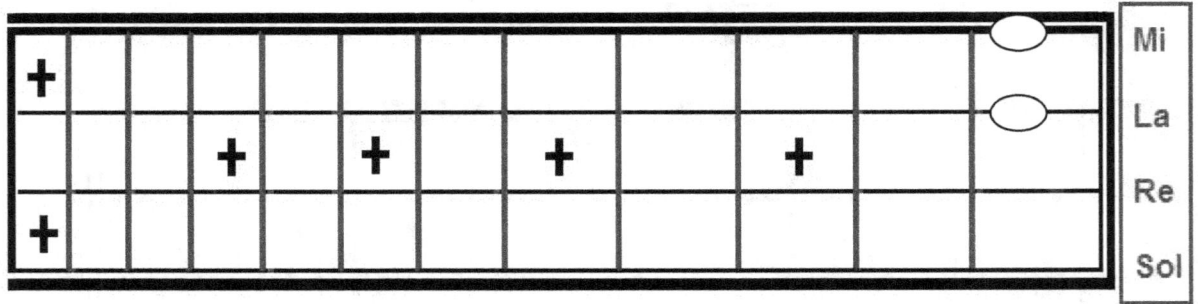

El Círculo de tonos de La Bemol(Ab)

1= La Bemol(Ab)

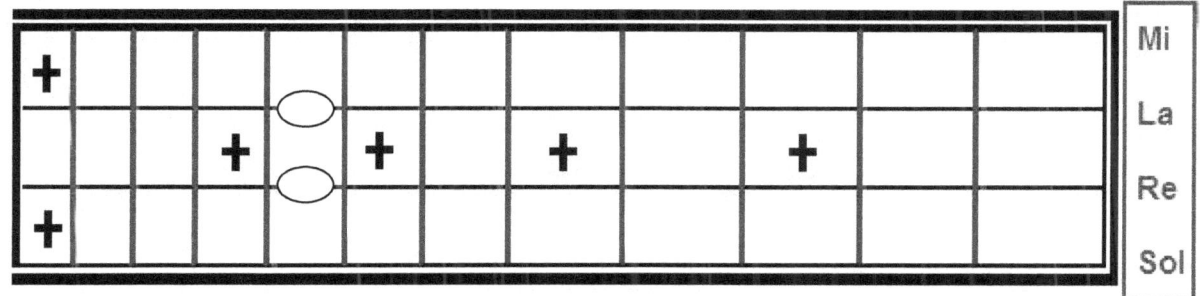

2= Fa(F)

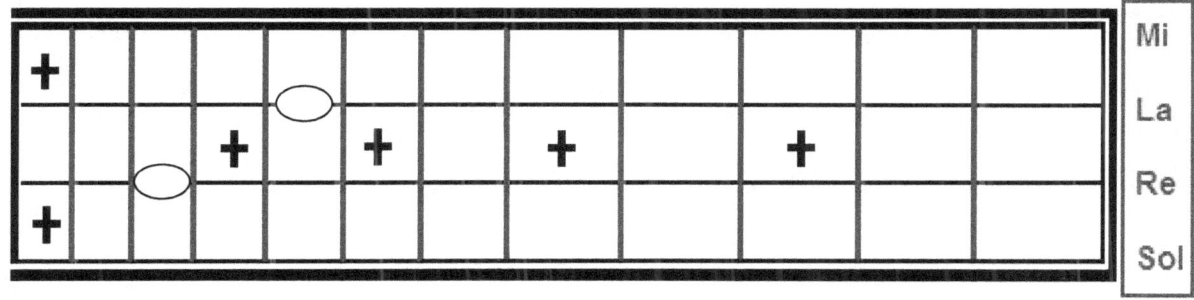

3= Re Bemol(Db)

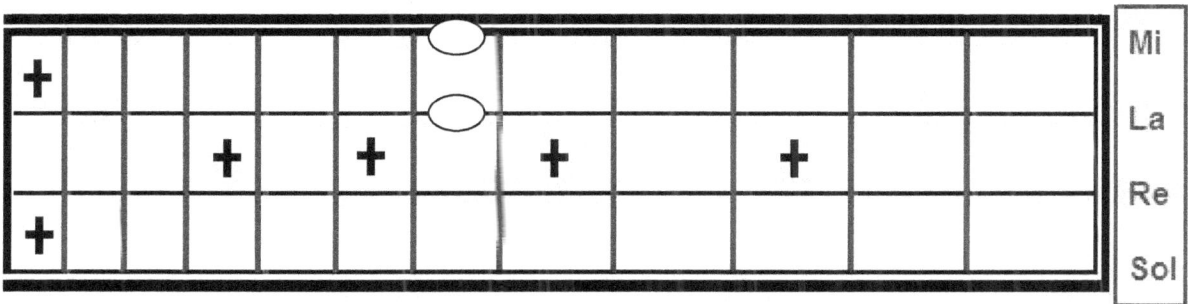

4= Re(D)

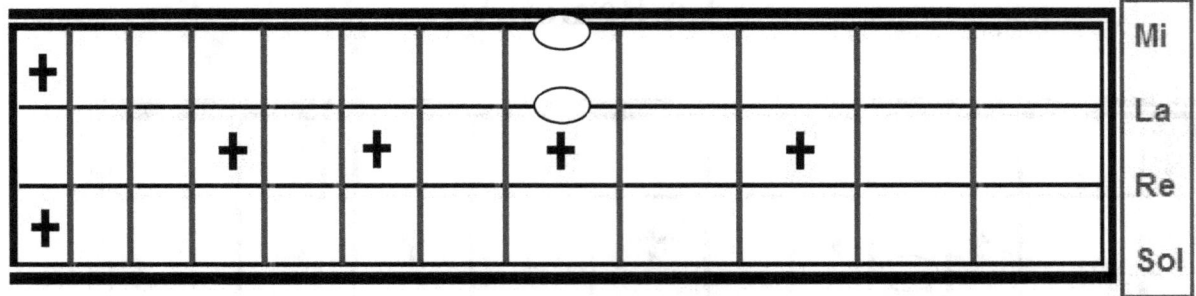

5= Sol(G)

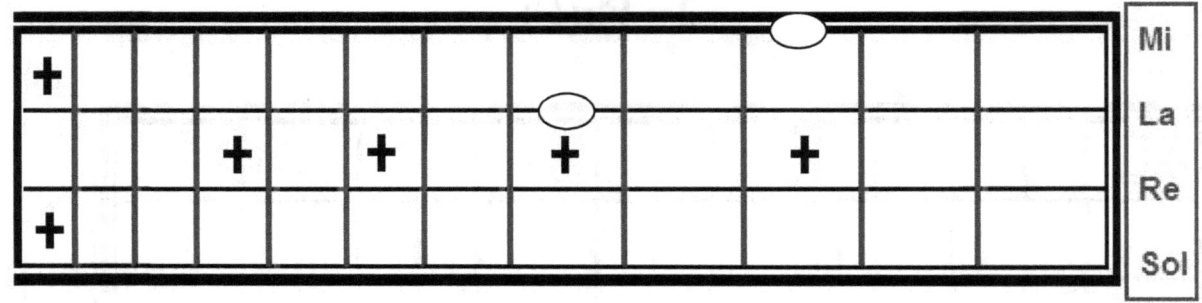

6= Do(C)

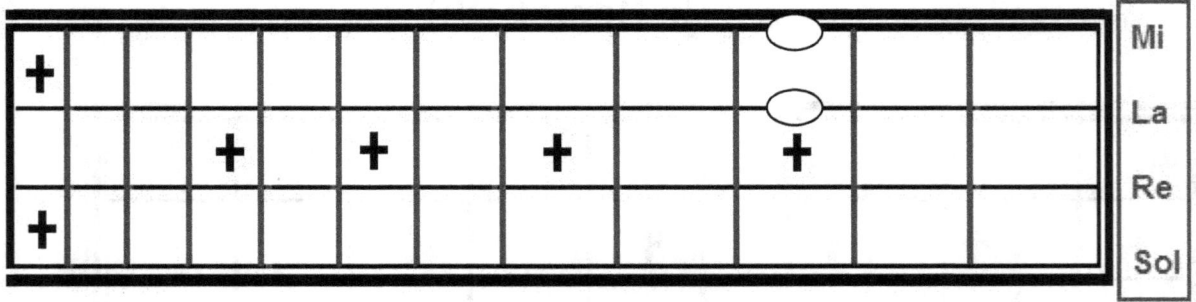

AGRADECIMIENTO

Primeramente a mi Padre Celestial, que me permite tener lo que poseo hasta el día de hoy, porque reconozco que sin él nada soy. A mi esposa y mi hija, que siempre están apoyándome en todos los proyectos que Dios nos ha permitido llevar a cabo. Y a usted, que con gozo y alegría adquiere este manual, que no dudo será de mucha bendición para comenzar su carrera artística. Deseo de todo corazón, que le saque el mejor provecho, pues *todo lo podemos en Cristo porque él es quien nos fortalece*. Filipenses 4:13.

Atentamente,

Byron Hernández
byron198019@live.com